RELATION

CAPTIVITÉ DU TEMPLE

93. — PARIS. — IMPRIMERIE DU CORPS LÉGISLATIF

Poupart Davyl et Comp., rue du Bac, 30.

LA DUCHESSE D'ANGOULÊME

RELATION

DE

LA CAPTIVITÉ

DE LA FAMILLE ROYALE

A LA TOUR DU TEMPLE

publiée pour la première fois dans son intégrité
et sur un manuscrit authentique.

P.  M.

PARIS

LIBRAIRIE POULET-MALASSIS

97, rue Richelieu, 97

1862

PRÉFACE

Nous ne ferons pas au lecteur, quel qu'il soit, qui tient ce petit livre entre les mains, l'injure de lui dire quelle femme fut cet auteur, si près du trône, qui apprit la vie en prison. Nous ne nous évertuerons pas davantage à lui expliquer l'importance *unique* de cette relation au point de vue de l'histoire et du cœur humain. Nous taisons les réflexions diverses que suggère au penseur ce chef-d'œuvre naïf, qui arrive par la simplicité à tant d'éloquence. Pour ajouter aux surprises et aux charmes douloureux de cette lecture si féconde en enseignements,

1

nous nous sommes fait un scrupule pieux de respecter cette orthographe dont les irrégularités contrastent d'une manière si originale avec la précoce fermeté et la concision pénétrante du style. Ceux qui ont eu l'honneur de connaître madame la duchesse d'Angoulême retrouveront avec émotion dans cet unique essai d'une auguste personne de si bonne heure aguerrie au mépris de la gloire humaine, la même intrépidité modeste, la même tendresse contenue, qui furent le caractère essentiel de sa physionomie, et qui seront l'honneur de sa mémoire.

Il ne nous reste qu'à indiquer la provenance du manuscrit qui a servi à notre édition.

Il est mentionné au *Catalogue de la Bibliothèque* de M. Leber (T. IV, p.

129), dans les termes suivants, reproduits au Catalogue de la vente, où nous l'avons acquis (novembre 1860).

N° 494. — *Mémoires écrits par Madame sur la captivité de la famille royale au Temple, depuis le 10 août 1792, jusqu'à la mort de son frère, le 9 juin 1795 — in-4° de 55 p.*

« Transcription *rigoureusement* exacte du mss. autographe de madame la duch. d'Har...., que ses rapports de presque intimité et de haute confiance avec madame la duch. d'Angoulême ont mise à portée de reproduire mot pour mot la rédaction *genuine* de la vierge royale dans toute sa naïveté, et qui a bien voulu nous communiquer sa copie. Ce récit est incontestablement de la fille de Louis XVI. Il a été imprimé, mais avec des différences qui n'ont pas toujours leur excuse dans la discrétion de l'éditeur ; sans altérer la simplicité du style, on l'a corrigé en plu-

sieurs endroits ; on a fait aussi quelques ad-
ditions et des retranchements, dont deux, il
faut en convenir, étaient bien désirables
(Voir pages **36** et **41**, aux lieux marqués (1).
Enfin, le narrateur ne parle plus à la première personne. Les mots *je* ou *moi, mon
père, ma mère*, sont remplacés par ceux de
Madame Royale, le *Roi*, la *Reine*. L'écrit
est d'ailleurs avoué comme l'œuvre d'une
personne auguste ; et, à cet égard, notre
manuscrit ne laisserait subsister aucun doute.
Il est terminé ainsi : J'atteste que ce *Mémoire contient vérité*. Et plus bas est écrit,
en gros caractères : *Marie-Thérèse-Char-
lotte*. Fait à la Tour du Temple. »

Conformément au devoir de tout
éditeur définitif, nous avons imprimé
dans son intégrité la copie, reproduc-
tion authentique du manuscrit ori-

(1) Ces passages du manuscrit correspondent
aux lignes 1re de la page 88 et 13 de la page 96
dans la présente édition.

ginal. Nous n'avons rien accordé à ces
scrupules étroits, à ces fausses pu-
deurs, qui, sous de pieux prétextes,
arrangent les tombes et corrigent les
épitaphes. Par respect pour la vérité,
par respect pour les enseignements
de l'histoire, supérieurs à toute convenance politique, nous avons pour la
première fois reproduit, en les indi-
quant par des crochets, les passages
qui ont paru trop hardis à des esprits
trop prudents. Il n'appartient à personne, selon nous, de toucher au manuscrit d'un auteur tel que Marie-
Thérèse de France, ni de donner des
leçons de convenance à madame la
duchesse d'Angoulême. Et mainte-
nant, prenez et lisez, ô lecteurs qui
cherchez dans l'histoire un enseigne-
ment moral, et étonnez-vous, comme
l'a dit Chateaubriand, de la quantité

1*

de larmes que peuvent contenir les yeux d'une fille de roi.

M. DE L.

N. B. La première édition est de Paris, Audot, 21 *janvier* 1817, sous le titre de :

« *Mémoires particuliers sur la captivité* de la famille royale à la tour du Temple. »

Les mêmes Mémoires ont été réunis à ceux de *Hue* et de *Cléry*, pour former une *histoire complète des augustes captifs.*

Ils ont enfin reparu en mars 1823, dans la collection générale des *Mémoires relatifs à la Révolution*, publiée par les frères Beaudouin, 19e livraison, réimprimée chez Didot (1856), toujours avec les corrections et les suppressions de rigueur. Nous nous regardons comme obligé de signaler les interpolations et les altérations souvent fort regrettables qui font que nous publions pour la *première fois* la véritable leçon des *Mémoires* de Mme d'Angoulême. Il n'y a rien dans la juste sévérité de nos protestations qui puisse atteindre notre honorable ami,

M. F. Barrière, dont nous apprécions trop
l'esprit et la délicatesse en même temps que
son respect des choses authentiques, pour
lui attribuer la moindre responsabilité dans
ces retouches téméraires. Nous devons au
contraire beaucoup à sa version, à ses excel-
lentes notes, et nous nous bornons à regretter
avec lui que, faute du manuscrit autographe
ou d'une copie authentique, il ait dû reproduire l'édition d'Audot, revue et *trop cor-
rigée.*   M. DE L.

MÉMOIRE

Ecrit par Marie-Thérèse Charlotte de France, sur la captivité des princes et princesses, ses parens, depuis le 10 août 1792, jusqu'à la mort de son frère, arrivée le 9 juin 1795 (1).

——

Le roi, mon père, arriva au Temple avec sa famille le « lundi » 13 août 1792, à sept heures du soir. Les canoniers voulurent la conduire seule à la Tour et nous laisser au château. Manuel avoit reçu dans le chemin un arrêté pour nous mener tous à la Tour; Petion calma la rage des canoniers,

(1) Nous avons mis entre guillemets les mots ou les passages omis dans les précédentes éditions.

et nous entrâmes au château. Les municipaux gardèrent à vue mon père, Petion s'en alla, Manuel resta ; mon père soupa avec nous ; mon frère mouroit d'envie de dormir ; madame de Tourzelles le conduisit à onze heures à la Tour, qui devoit être décidément notre demeure ; mon père y arriva avec nous à une heure du matin ; il n'y avoit rien de préparé ; ma tante coucha à la cuisine ; on prétend que Manuel fut honteux en l'y conduisant.

Voici les noms des personnes qui s'enfermèrent avec nous dans ce triste séjour : madame de Lamballe, madame de Tourzelle, et Pauline sa fille ; MM. Hue et Chamilly, appartenant à mon père, et qui couchoient dans sa chambre en haut ; madame Navarre, à ma tante, couchoit avec elle, ainsi que Pauline, dans la cuisine; madame

Gimbris (1), à mon frère, couchoit dans un billard, ainsi que mon frère et madame de Tourzelle; madame Thibaut, à ma mère, et madame Basire, à moi, couchoient toutes deux en bas. Mon père avoit à la cuisine trois hommes à lui, Turgis (2), Chrétien et Marchand; le lendemain 14, mon père vint déjeuner avec ma mère, et après nous allâmes voir les grandes salles de la Tour, où l'on dit que l'on feroit des logemens, parce que nous étions dans une tourelle, c'étoit trop petit pour tant de monde; l'après diné, Manuel et Santerre étant venus, nous allâmes nous promener dans le jardin; on murmuroit beaucoup contre les femmes qui nous avoient suivies;

(1) Saint-Brice.
(2) Turgy.

dès notre arrivée, nous en avions trouvé d'autres nommées par Petion pour nous servir; nous n'en voulumes pas; le surlendemain à diner, on apporta un arrêté de la Commune qui ordonnoit le départ des personnes qui étoient venues avec nous; mon pere et ma mère s'y opposerent ainsi que les municipaux de garde du Temple; l'ordre fut pour lors révoqué.

Nous passions la journée tous ensembles; mon père montroit à mon frère la géographie, ma mère lui montroit l'histoire et lui faisoit apprendre des vers, ma tante lui donnoit des leçons de calcul. Mon pere avoit heureusement trouvé une biblioteque qui l'occupoit; ma mère avoit de la tapisserie pour travailler. Les municipaux étoient très familliers, et avoient peu de respect pour mon père; il y

en avoit toujours qui le gardoient à
vue. Mon père fit demander un homme
et une femme pour faire le gros ouvrage. La nuit du 19 au 20 août, on
apporta à une heure du matin un arrêté de la Commune, qui ordonnait
d'enmener du Temple toutes les personnes qui n'étoient pas de la famille
royale, et on enleva MM. Hue et Chamilly de chez mon père, qui resta seul
avec un municipal. On descendit ensuite chez ma mère pour enlever madame de Lamballe; ma mère s'y opposa en vain, disant, ce qui étoit vrai,
qu'elle étoit sa parente, on l'emmena
toujours; ma tante descendit avec
Pauline de Tourzelles et madame Navarre; les municipaux assurerent que
ces dames reviendroient après avoir
été interrogers. On traina mon frère
dans la chambre de ma mère pour ne

pas le laisser seul ; nous embrassames ces dames, espérant les revoir le lendemain ; deux municipaux resterent chez ma mère ; nous restames tous les quatre sans dormir ; mon père, quoi qu'éveillé par le bruit, resta chez lui. Le lendemain à sept heures, nous apprimes que ces dames ne reviendroient pas au Temple, et qu'on les avoit conduites à la Force ; nous fumes bien étonnés à neuf heures, en voyant arriver M. Hue, qui dit à mon père que le Conseil général l'avait trouvé innocent et renvoyé au Temple. L'après diner, Petion envoya à mon pere un homme et une femme nommés Tison, pour faire le gros ouvrage ; ma mere prit mon frere dans sa chambre, et j'allai dans l'autre avec ma tante; nous n'étions séparés de ma mère que par une petite pièce ou étoit un municipal et une sentinelle. Mon père resta en haut, et sachant qu'on lui préparoit un autre appartement, il ne s'en soucia plus, parce qu'il n'étoit plus gêné, n'ayant plus tant de monde, et qu'il étoit plus près de ma mère : il fit venir le maître des ouvriers pour ne pas achever le logement; Paloi (1) lui répondit insolemment qu'il ne prenoit d'ordre que de la Commune.

Nous montions tous les jours chez mon père pour déjeuner, ensuite nous redescendions chez ma mère, où mon père passait la journée avec nous; nous allions promener tous les jours dans le jardin pour la santé de mon frère, et mon père étoit presque toujours insulté par la garde.

(1) Le patriote Palloy, célèbre par son exploitation commerciale des pierres de la Bastille.

Le jour de la St-Louis, à sept heures du matin, on chanta l'air ça-ira, auprès du Temple ; nous apprimes le matin, par un municipal, que M. de Lafayette avoit passé ; Manuel confirma le soir cette nouvelle à mon père ; il apporta à ma tante Elisabeth une lettre de mes tantes de Rome : c'est la dernière que ma famille ait reçu du dehors. Mon père n'étoit plus traité en roi : on n'avoit aucun respect pour lui, on ne l'appeloit plus ni sire, ni sa majesté, mais monsieur ou Louis ; les municipaux étoient toujours assis dans sa chambre et avoient leur chapeau sur leur tête ; ils ôterent à mon père son épée (1), qu'il avait encore, et fouillerent dans ses poches. Petion envoya

(1) On peut voir dans les *Mémoires* de M. Hue combien cet affront fut particulièrement sensible au roi.

Clery pour servir mon père, a qui il appartenoit. Petion envoya aussi pour porte clefs un guichetier, Rocher; l'horrible homme! qui força la porte de mon père, le 20 juin 1792, et qui pensa l'assassiner. Cet homme fut toujours a la Tour, et essaya de toutes les manieres à tourmenter mon pere : tantôt il chantoit la carmagnole et mille autres horreure, tantôt, comme il savoit que mon pere n'aimoit pas l'odeur de la pipe, il lui en souffloit une bouffée quand il passoit; il étoit toujour couché le soir quand nous allions souper, parce qu'il falloit passer par sa chambre; quelque fois même, il étoit dans son lit quand nous allions diner; il n'y eut sorte de tourment et d'injures qu'il n'inventa; mon père souffroit tout avec douceur et pardonnant de tout son cœur a cet homme.

2

Mon père manquoit de tout; il écrivit a Petion pour avoir l'argent qui lui etoit destiné : il n'en eut aucune réponse. Le jardin etoit plein d'ouvriers qui injurioient souvent mon père; il y en eut un qui se vanta d'abatre la tête de ma mere avec ses outils; Petion le fit arrêter : les injures redoublèrent.

Le 2 septembre, nous ignorions ce qui se passoit; des fenêtres on jettait des pierres à mon père, qui heureusement ne tomberent ni sur lui, ni sur personne; a une autre fenêtre, une femme ecrivit sur un grand carton : VERDUN EST PRIS! Elle le mit à la fenêtre, et ma tante eut le temps de le lire; les municipaux ne le virent pas. A peine venions-nous d'apprendre cette nouvelle, qu'il arriva un nouveau municipal, nommé Mathieu; il etoit enflammé de colere, et dit à mon père de remonter chez lui; nous le suivimes, craignant qu'on ne voulut nous séparer; en arrivant en haut, il trouva M. Hue, lui sauta au collet et lui dit qu'il l'arrêtoit; M. Hue demanda de faire son paquet d'affaires, Mathieu lui refusa; mais un autre municipal plus charitable demanda cette faveur pour M. Hue, qu'il emmena prendre ses affaires. Mathieu, alors, se retournant vers mon père, lui dit tout ce que la rage peut suggerer; entre autres il dit : « Le general a battu, le tocsin a sonné, le canon d'allarme a tiré, les ennemis sont a Verdun; ils viennent, nous périrons tous, mais vous mourrez le premier. » Mon père écouta ces injures et mille autres pareilles avec le calme que donne l'innocence; mon frère fondit en larmes, et s'enfuit

dans l'autre chambre; on eut toutes
les peines du monde a le consoler; il
croyoit voir mon père mort. M. Hue
revint, et Mathieu, après avoir re-
commencé ses injures, partit avec lui.
M. Hue fut conduit à l'Abbaye; il resta
un mois en prison : après il en sortit,
mais ne revint pas du tout au Temple. Les municipaux de garde con-
damnerent tous la conduite violente
de Mathieu ; cependant ils ne pen-
soient guerre mieux : ils dirent a mon
pere qu'on etoit sur que le roi de
Prusse marchoit et tuoit les soldats
françois par un ordre signé Louis.
Mon père fut très affligé de cette calomnie, et pria les municipaux de la
détruire dans le monde. Ma mère entendit battre la generale toute la nuit;
nous ignorions cependant ce qui se
passoit.

Le 3 septembre, à dix heures du matin, Manuel vint voir mon père, et l'assura que madame de Lamballe et les autres personnes qu'on avoient otees du Temple se portaient bien, et etoient toutes ensembles (1) à la Force : a trois heures, nous entendimes des cris affreux. Comme mon père sortoit de table et jouoit au trictrac avec ma mère, le municipal se conduisit bien, et ferma portes et fenêtres, ainsi que les rideaux, pour qu'on ne vit rien, ce qui etoit bien fait (2) ; les ouvriers du Temple et le guichetier se joignirent

(1) « Tranquilles » ajoutent, par antiphrase sans doute, les précédentes éditions.

(2) « Ce fut d'Anjou, surnommé l'abbé de « six pieds, officier municipal, qui sauva au « roi et à la famille royale le spectacle de « la tête de Mme de Lamballe. »

(Note de M. F. BARRIÈRE.)

aux assassins, ce qui augmenta le
bruit; plusieurs municipaux et offi-
ciers de la garde arrivèrent; ces derniers vouloient que mon père se mon-
trat aux fenêtres; les premiers s'y
opposoient avec raison. Mon père
ayant demandé ce qui se passoit, un
jeune officier lui dit : « Monsieur, puisque vous voulez le savoir, c'est la tête
de madame de Lamballe qu'on veut
vous montrer. » Ma mère fut glacée
d'horreur ; les municipaux gronde-
rent l'officier; mon père, avec sa
bonté ordinaire, l'excusa, en disant
que c'etoit sa faute et non pas celle
de l'officier, qui n'avoit fait que lui
repondre. Le bruit dura jusqu'a cinq
heures; nous sumes depuis que le
peuple avoit voulu forcer les portes;
que les municipaux les empêcherent
en mettant à la porte un ruban trico-

lore; qu'enfin, ils avoient permis que six assassins fissent le tour de la Tour avec la tête de madame de Lamballe, mais qu'on laisseroit a la porte le corps qu'on vouloit trainer. Quand cette députation arriva, Rocher poussa mille cris de joie, en voyant la tête de madame de Lamballe, et gronda un jeune homme qui se trouva mal, saisi d'horreur à ce spectacle.

A peine le tumulte était-il fini, que Petion, qui auroit du s'occuper d'arrêter le massacre, envoya froidement son secretaire à mon pere compter de l'argent. Cet homme etoit très ridicule et dit mille bêtises qui auroient fait rire dans un autre moment; il croyoit que ma mère se tenoit debout pour lui (1). Le municipal qui avoit sacrifié

(1) Les précédentes éditions emploient une longue prose explicative à délayer cette

son echarpe en la mettant à la porte
se fit payer par mon père. Ma tante
et nous entendimes battre la generale
toute la nuit : nous ne croyons pas
que le massacre durat encore. Ma
malheureuse mère ne put pas dormir
de la nuit; ce ne fut que quelques
jours après que nous apprimes qu'il
avait duré trois jours.

On ne peut croire toutes les scenes
qui arriverent, tant des municipaux
que de la garde; tout leur faisoit peur,
tant ils se sentoient (1) coupables. Un
jour, dans l'exterieur, un homme tira
un nouveau fusil pour l'essayer : ils
en firent un procès verbal et l'inter-

observation d'un si laconique et si juste
mépris.

(1) Les précédentes éditions disent seulement : « tant ils se croyaient coupables. »

rogerent soigneusement. Une autre
fois, pendant le souper, on cria plusieurs fois aux armes : ils crurent que
c'étoient les etrangers ; l'horrible Rocher prit son grand sabre, et dit à mon
père : « S'ils arrivent, je te tue ; » ce
n'etoit qu'un embarras de patrouille.
Une autre fois, une centaine d'ouvriers (1) entreprirent de forcer la
grille du côté de la rotonde ; les municipaux et la garde y accoururent :
ils furent dispersés (2).

Toutes ces peurs augmentoient la
sévérité ; nous trouvames cependant
deux municipaux qui adoucirent les
tourmens de mon père, en lui mon-

(1) Les précédentes éditions ajoutent :
« conduits peut-être par quelques-uns de nos
« amis. »

(2) Les précédentes éditions ajoutent : « et
« peut-être, hélas ! y eut-il des victimes ! »

trant de la sensibilité et lui donnant des esperances : je crois qu'ils sont morts (1); il y eut aussi une sentinelle qui le soir eut une conversation avec ma tante par le trou de la serrure ; ce malheureux ne fit que pleurer tout le tems qu'il fut au Temple : j'ignore ce qu'il est devenu; puisse le ciel l'avoir recompensé de son profond attachement pour son Roi.

Je faisois des regles de chiffre, et j'écrivois des extraits (2); il falloit qu'il y eut toujours un municipal qui regardat sur mon épaule, croyant tou-

---

(1) Les précédentes éditions disent : « j'ai « peur qu'ils ne soient morts. » Toujours le même parti pris d'atténuation et d'arrondissement.

(2) Les précédentes éditions délayent : « Lorsque je prenais des leçons et que ma « mère me préparait des extraits. »

joursque c'etoient des conjurations. On
nous ôta les journaux, craignant que
nous ne sachions des nouvelles etrangeres; on en apporta cependant un,
un jour, a mon père, disant qu'il y
avoit quelque chose d'interessant.
L'horreur ! on disoit qu'on mettroit sa
tête à boulet rouge, et on lui apporta
cet infernal écrit avec joie (1); il y eût
aussi un soir un municipal qui, arrivant, dit mille injures, entre autres
que nous pourrions tous périr si les
armées approchoient, et que mon frere
seul lui faisoit pitié, mais qu'etant
né d'un tiran, il devoit mourir : voici

(1) Les précédentes éditions ajoutent,
comme si le silence de Madame n'était pas
plus expressif : « Le silence calme et mépri-
« sant de mon père trompa la joie que l'on
« avait montrée en apportant cet infernal
« écrit. »

les scenes que ma famille avoit tous les jours.

La république fut etablie le 22 septembre ; on nous l'apprit avec joie ; on nous annonça aussi le départ des étrangers ; nous ne voulumes pas y croire, mais c'étoit vrai.

Au commencement d'octobre, on vint nous ôter plumes, encre, papiers, crayons. Ils chercherent partout bien soigneusement, et même durement ; mais cela n'empêcha pas que ma mère et moi nous cellame nos crayons, que nous gardames ; ma tante et mon père garderent les leurs (1).

Le soir du même jour, comme mon père descendoit de souper et alloit monter chez lui, on lui dit d'attendre ;

(1) Les précédentes éditions disent : « don- « nèrent les leurs » ce qui est plus probable.

il vint d'autres municipaux qui lui
dirent qu'il iroit dans l'autre logement et qu'il étoit séparé de nous;
nous le quittames avec bien des larmes, espérant cependant le revoir. Le
lendemain matin, on nous apporta le
déjeuner séparément. Ma mère ne
voulut rien prendre; les municipaux,
effrayés et touchés de notre douleur,
nous accorderent de voir mon père,
mais aux repas seulement, et nous def-
fendirent de parler bas, ou des lan-
gues etrangeres, mais haut et en bon
françois. Nous descendimes pour diner chez mon père, avec bien de la
joie de le revoir; il y eut un municipal qui crut s'appercevoir que ma
tante avoit parlé bas à mon père, et
lui en fit une scene. Le soir, pour souper, comme mon frère étoit couché,
ma mère ou ma tante restoit avec lui,

et l'autre venoit avec moi souper chez mon père ; le matin, nous y restions après le déjeuner, le temps que Clery put nous coiffer, parce qu'il ne pouvoit pas venir chez ma mère (1). Nous allions tous ensembles promener tous les jours à midi ; Manuel vint chez mon père et lui ôta avec dureté son cordon rouge ; il assura mon père qu'il n'y avoit que madame de Lamballe qui eut péri de toutes les personnes qui avoient été au Temple. On fit prêter serment à Clery, à Tison et à sa femme d'être fidèles à la Nation. Un municipal, un soir, arrivant, éveilla brusquement mon frère, pour voir s'il y éloit (2) ; il y en eut un autre aussi

(1) Les précédentes éditions ajoutent : « et « que c'était gagner quelques moments pour « rester plus longtemps avec mon frère. »

(2) Les précédentes éditions ajoutent :

qui dit à ma mère un projet qu'avoit
Petion, de ne pas faire mourir mon
père, mais de l'enfermer pour sa vie
dans le chateau de Chambord, avec
défense à mon frère de se marier (1);
j'ignore quel étoit le dessein de cet
homme en disant ce projet; ce que je
sais, c'est que nous ne l'avons pas
revu depuis.

On fit loger ma mère dans un appartement au-dessus de mon père; on
vouloit nous séparer, ma tante et moi,
de ma mère; cela n'eut cependant pas
lieu, et nous allames avec elle; on ôta

« C'est le seul mouvement d'impatience que
« j'ai vu ma mère témoigner. » Madame ne
le dit pas.

(1) Les précédentes éditions disent seulement : « avec mon frère. » Quand on trouve
moyen d'être prolixe, il faudrait au moins être
complet.

mon frère à ma mère et on le mit auprès de mon père ; il couchoit dans sa
chambre ; Clery couchoit aussi dans
l'appartement ; en haut, ma mère
avoit avec elle ma tante et moi, Tison,
sa femme et un municipal ; les fenêtres étoient bouchées avec des barreaux de fer et des abat-jour ; les che-
minées étoient en tuyaux de poële,
ce qui nous incommoda beaucoup de
la fumée.

Voici comme se passoient les journées de mes augustes parens (1) : mon
père se levoit à sept heures, prioit
Dieu jusqu'à huit, ensuite s'habilloit
avec mon frère jusqu'à neuf heures,
qu'ils montoient déjeuner chez ma
mère ; après le déjeuner, mon père

---

(1) Madame dit : « augustes parents. »
Cette délicatesse a échappé aux arrangeurs,

redescendoit avec mon frère, a qui il donnoit quelques leçons jusqu'à onze heures, que mon frère jouoit jusqu'à midi, heure à laquelle nous allions promener tous ensemble, tel tems qu'il fasse, parce que la garde qui relevait a cette heure voulait voir mon frère et s'assurer qu'il étoit au Temple; sa promenade duroit jusqu'à deux heures que nous dinions; après le diner, mon père et ma mère jouoient ensembles au trictrac ou au piquet (1); à quatre heures, ma mère remontoit chez elle avec mon frère, parce que mon père dormoit ordinairement; à six heures, mon frère redescendoit; mon père le faisoit apprendre et jouer

(1) Les arrangeurs disent . « ou plutôt fai-
« saient semblant de jouer. » Enlevant ainsi
aux augustes prisonniers le mérite d'un cou-
rageux oubli de leur sort.

jusqu'au souper. A neuf heures, après le souper, ma mère deshabilloit promptement mon frere et le mettoit dans son lit; nous remontions ensuite, et mon père ne se couchait qu'à onze heures; ma mère menoit a peu près la même vie; elle travailloit beaucoup en tapisseries (1); ma tante prioit souvent Dieu dans la journée; elle disoit tous les jours l'office, lisoit beaucoup de livres de piété (2), et faisoit des meditations; elle faisoit, ainsi que mon père, maigre et jeune les jours ordonnés par l'église.

On nous rendit les journaux pour

_____

(1) Les précédentes éditions ajoutent : « et « me faisait étudier et souvent lire tout haut. »

(2) Les précédentes éditions ajoutent : « souvent la reine la prioit de les lire tout « haut. » En revanche, on a supprimé tout ce qui suit.

voir le départ des étrangers, et les horreurs contre mon père dont ils étoient pleins. On nous dit un jour : « Mesdames, je vous annonce une bonnes nouvelle : le traître Bouillé est pris ; si vous êtes patriotes vous devez vous en réjouir. » Ma mère ne dit mot. Le jour de la Toussaint, la Convention vint pour la première fois voir mon père ; les membres lui demanderent s'il n'avoit point de plaintes a former ; il dit que non, et qu'il étoit content quand il étoit avec sa famille. Clery se plaignit qu'on ne payoit pas les marchands qui fournissoient à mon père ; Chabot répondit fièrement : « La Nation n'est pas a un sou près (1). »

(1) Les précédentes éditions disent : « c'est « à un écu près. » On trouve à la suite de l'édition Barrière un curieux *Etat* dressé par Verdier, des *Dépenses* faites au Temple ; cet

· Les députée qui vinrent furent Chabot, Dupont, Drouay, Le Cointre, Puiraveaux; ils revinrent encore l'après diner, firent les mêmes questions a nous tous, et eurent les mêmes réponses. Un jour, après diner, Drouay vint encore tout seul, et demanda si on n'avoit pas de plaintes a faire; ma mère dit que non (1). Quelque tems après, comme nous étions a diner, il arriva des gendarmes qui se jetterent brusquement sur Clery, et lui ordonnerent de venir au tribunal, ce qu'il fit. Quelques jours auparavant, Clery, descendant l'escalier avec un municipal,

état est suivi d'extraits *inédits* des *Registres* de la Commune qui confirment les réclamations de Cléry.

(1) Les précédentes éditions disent : « Ma « mère ne répondit pas. » Ce qui n'est pas vrai.

avoit rencontré un jeune homme de garde de sa connoissance ; ils se dirent bonjour, et se serrerent la main. Le municipal le trouva mauvais et fit arrêter le jeune homme ; c'étoit pour comparoitre au tribunal devant lui qu'on vint chercher Clery. Mon père demanda qu'il revint ; les municipaux l'assurerent qu'il ne reviendroit pas ; cependant il arriva à minuit. Clery demanda pardon à mon père de sa conduite passée, dont les manieres de mon pere, sa prison, et les exhortations de ma tante l'avoient fait revenir ; il fut depuis toujours très fidele à mon père.

Un jour, nous entendimes de grands cris, de gens qui demandoient les têtes de mon père et de ma mère ; on eut la cruauté de venir crier cela sous les fenêtres du Temple. Mon père tomba

malade d'un gros rhume et eut la fievre assez fort ; on lui accorda son médecin et son apoticaire, le Mounier (1)
et Robert. La Commune fut inquiette :
il y eut un buletin tous les jours de la
santé de mon père, qui se rétablit.
Toute ma famille fut incommodée de
ce rhume, mais mon père fut le plus
malade.

La Commune changea le 2 décembre; les nouveaux municipaux vinrent
reconnoitre mon père et sa famille, à
dix heures du soir ; quelques jours
après, il y eut un arrêté de la Commune qui ordonnoit d'ôter de nos ap-
partemens Cléry et Tison, de nous
ôter couteaux, ciseaux et tous instrumens tranchans, et ordonnant aussi de
deguster avec soin tous les plats que

(1) Le Monier.

l'on nous servoit (1); la derniere chose n'eut pas lieu; mon père et ma mère s'y opposerent, disant qu'ils pourroient se trouver mal, etc., etc., que cela exposeroit les municipaux qui les soignoient. La visite fut faite soigneusement pour les instrumens tranchans. Ma mère et moi nous cachames (2) nos ciseaux; les municipaux redoublerent de severité.

Le 11 décembre, nous fumes fort inquiets du tambour qui battoit et de la garde qui arrivoit au Temple; mon père descendit chez lui après le déjeuner avec mon frère. A onze heures arriverent chez mon pere Chambon (3),

(1) Toute cette phrase est omise dans les précédentes éditions.

(2) Les précédentes éditions disent : « nous « donnâmes. » Ce qui est le contraire.

(3) Et non pas Cambon, comme dit l'édition Barrière.

le maire (1), Chaumet, procureur général de la Commune, Collombeau, secretaire greffier; ils signifierent a mon père le decret de la Convention qui ordonnoit qu'il seroit amené a la barre pour être interrogé; ils engagerent mon père a renvoyer mon frere (2) à ma mère; mais n'ayant pas dans leurs mains le decret de la Convention, ils firent attendre mon père deux heurs; il ne parti qu'a une heure,

(1) Je ne suis monté chez le Roi qu'après avoir eu le decret de translation du Temple à la Convention.

CHAMBON DE MONTAUX.

(2) Je n'ai point participé a la separation de Mgr le Dauphin d'avec Sa Majesté.

CHAMBON DE MONTAUX.

Ces notes se trouvent sur la copie de Mme la duchesse d'Harcourt, de la même main que la copie.

et monta dans la voiture du maire avec Chaumet et Collombeau ; la voiture étoit escortée par des municipaux à pied. Mon père, ayant observé que Collombeau saluoit beaucoup de monde, lui demanda s'ils étoient ses amis : Collombeau dit : « Ce sont les braves citoyens du 10 aout ; je ne les vois jamais qu'avec beaucoup de joie. »

Je ne parle pas de la conduite de mon père à la Convention ; tout le monde la connoit. Sa dignité, sa fermeté, sa douceur, sa bonté, son courage au milieu d'assassins altérés de son sang, sont des traits qui ne s'oublieront jamais, et que la postérité la plus reculée admirera dans tous les temps. Il revint a six heures à la tour du Temple avec le même cortege. Ma mère et nous tous avions été très

inquiettes. Ma mère, entendant le tambour, avoit fait l'impossible auprès du
municipal qui la gardoit pour apprendre ce qui se passoit (1); cet homme n'a-
voit jamais voulu le dire ; ce ne fut qu'a
onze heures, à l'arrivée de mon frère,
que nous l'apprimes ; quand elle le vit
elle dit qu'elle etoit tranquille, parce
qu'elle savoit mon père au sein de la
Convention. Quand mon père fut rentré
elle demanda ardemment de le voir; ma
mere le fit demander à Chambon (2)
et n'en reçut point de réponse. Mon

(1) Les précédentes éditions ajoutent :
« c'était la première fois qu'elle daignait les
« questionner. »

(2) Quand le Roi fut de retour au Temple,
je quittai S. M. au bas de la Tour, et personne ne m'a fait savoir la volonté de la
Reine.

CH. DE MONTAUX.

À Paris, 21 mars 1817. CH. MONTAUX.

frère passa la nuit chez ma mère ; il n'avoit pas de lit : ma mère lui donna le sien (1). Le lendemain, ma mère redemanda a voir mon père, et a voir les journaux pour connoître son procès ; elle demanda au moins que si elle ne pouvoit pas voir mon pere, cette permission fut accordée à mon frère et à moi. On porta cette demande au Conseil, les journaux furent refusés... On nous permit à mon frère et à moi de voir mon père, qui dit que, quelque plaisir qu'il eut de voir ses enfans, les grandes affaires qu'il avoit ne lui permettoient pas de s'occuper de son fils, et que sa fille ne pouvoit quitter sa mère. Il fit monter le lit de mon frère ; la Convention vint

(1) Ici encore les précédentes éditions ajoutent une phrase incidente qui, n'augmentant en rien l'énergie et l'émotion du récit, lui nuit forcément.

voir mon père ; il demanda des conseillers, de l'encre, du papier, et des rasoirs pour faire sa barbe. Toutes ces demandes furent accordées. MM. de Malsherbes et de Seze (1), ses conseillers, vinrent le voir; ils étoient souvent obligés, pour bien parler, d'aller dans la tourelle, afin de n'être pas entendus ; mon père ne descendoit plus au jardin, ni nous non plus. Mon père ne savoit de nos nouvelles, et nous des siennes, que par les municipaux, et bien strictement. J'eus mal au pied : mon père le sut et me montra sa bonté ordinaire, en s'informant exactement de ma santé. Ma famille trouva dans cette Commune quelques hommes charitables, qui, par leur sensibilité, adou-

(1) L'édition Barrière ajoute Tronchet, que ne mentionne point Madame.

cirent ses tourmens. Ils assurerent
ma mère que mon père ne periroit
pas, et que son affaire seroit renvoyée
aux assemblées primaires, qui le sau-
veroient certainement (1).

Le 26 décembre, jour de St-Etienne,
mon père fit son testament, parce
qu'il croyoit être assassiné en allant à
la Convention (2) ; ce jour la mon
père fut encore à la barre avec son
courage ordinaire, et laissa à M. de
Seze le soin de lire sa défense; il
partit a onze heures et revint à trois
heures. Mon père voyoit tous les
jours ses conseillers. Enfin, le 18
janvier, jour auquel le jugement fut

---

(1) Les précédentes éditions ajoutent
« Hélas! ils s'abusaient eux-mêmes, ou, par
« pitié, ils cherchaient à tromper ma mère. »

(2) Je parvins a me dispenser cette seconde
fois d'aller a la Convention. Ch. Mont...

porté, les municipaux entrerent à onze heures chez mon père, et lui dirent qu'ils avoient ordre de le garder a vue. Mon père demanda si son sort étoit décidé : ils l'assurerent que non. Le lendemain au matin, M. de Malesherbes vint apprendre à mon pere que la sentence étoit prononcée : « Mais, sire, ajouta-il, les scélérats ne sont pas encore les maitres, et tout ce qu'il y a ici d'honnêtes gens viendront sauver Votre Majesté, ou mourir a ses pieds. — Non, M. de Malesherbe, dit mon père, cela exposeroit beaucoup de monde, mettroit la guerre civile dans Paris : j'aime mieux mourir, et je vous prie de leur ordonner de ma part de ne faire aucun mouvement pour me sauver (1). » Il ne put

(1) Les précédentes éditions trouvent nécessaire de faire dire *un mot* au malheureux

plus voir ses conseillers; il donna une note aux municipaux pour les redemander et se plaindre de la gene qu'il avoit, ayant de si grandes affaires, d'être toujours gardé a vue. On ne fit aucune attention a ses demandes.

Le lendemain 20 janvier, Garat, ministre de la justice, et les autres membres du pouvoir executif, vinrent lui notifier sa sentence de mort pour le lendemain; mon père l'écouta avec courage et religion; il demanda un surcis de trois jours, pour savoir ce que deviendroit sa famille et avoir un confesseur catholique; le surcis fut refusé. Garat assura mon père qu'il n'y avoit aucune charge contre sa famille, et qu'on la renverroit hors de

roi : elles lui font donc ajouter : « Le roi ne « meurt pas en France! »

France, et ensuite il lui amena pour confesseur l'abbé Edgevorth de Firmont (1). Mon père dina comme à l'ordinaire, ce qui surprit beaucoup les municipaux, qui croyoient qu'il se tueroit.

Nous apprimes la sentence de mort de mon père le dimanche par les colporteurs; à sept heures du soir, on vint nous dire qu'un decret de la Convention nous permettoit de descendre chez mon père. Nous courumes chez lui, et nous le trouvâmes bien changé; il pleura de notre douleur et non de sa mort (2). Il raconta à ma mère son

(1) Que le roi avait demandé; les précédentes éditions attribuaient à tort à Garat le mérite de l'initiative.

(1) Ceci, nous semble-t-il, est sublime.

Les précédentes éditions défigurent cette

procès, excusant les scélerats qui le
faisoient mourir; il repeta à ma mère
qu'on vouloit les assemblées primaires, mais qu'il ne les vouloit pas,
parceque de cela naitroit le trouble
dans la France: Il donna ensuite de
bonnes instructions religieuses à mon
frère, et lui recommanda surtout de
pardonner a ceux qui le faisoient mourir. Il donna sa bénédiction a mon
frère et a moi. Ma mère desiroit extremement que nous passions la nuit
avec mon père; il le lui refusa, ayant
besoin de tranquillité. Ma mère demanda au moins de revenir le lendemain : mon père lui accorda; mais
quand nous fumes partie, il demanda
aux gardes que nous ne redescen-

observation si profondément royale et filiale,
en la développant.

5

dions pas, parceque cela lui faisoit trop de peine. Il revint ensuite avec son confesseur : il se coucha à minuit, dormit jusqu'à quatre heurs(1), qu'il fut eveillé par les tambours. A six heurs, l'abbé dit la messe, a laquelle mon pere communia ; il partit sur les neuf heurs ; en descendant l'escalier, il donna son testament a un municipal; il leur remit ensuite une somme d'argent que M. de Malesherbes lui avoit prêtée, et pria de la lui faire remettre ; mais ils la garderent pour eux. Il rencontra ensuite un guichetier qu'il avoit reprit un peu brusquement la veille; il lui tendit la main, en disant : « Mathey (2), je suis faché de vous

(1) Les précédentes éditions disent : *Cinq heures.*

(2) Concierge de la Tour. « Mathey ne ré-

avoir offensé ; je vous prie de me pardonner.»Il lut les prieres des agonisans
dans le chemin. Arrivé à l'échafaud,
il voulut parler au peuple ; Santerre
l'en empêcha en faisant battre le tambour ; son discours fut entendu de peu
de monde ; il se deshabilla tout seul ; il
se fit lier les mains avec son mouchoir, et non avec une corde. L'abbé,
qui le suivit, au moment qu'il alloit
mourir : — « *Allez*, lui dit-il, *fils de
saint Louis, les portes de l'éternité vous
sont ouvertes* (1). » Il reçut le coup de

« pondit pas, et affecta même de se retirer,
« lorsque le roi lui parla. »   (CLÉRY.)

(1) Les précédentes éditions ont donné à
ces paroles leur formule populaire évidem-
ment arrangée : « Fils de saint Louis, montez
« au ciel ! » Nous aimons mieux la leçon de
Madame, parce qu'elle est plus simple, plus
vraie et tout aussi éloquente. La relation de

la mort le 21 janvier 1793, un lundi à dix heures dix minutes. Ainsi périt Louis 16, roi de France et de Navarre, âgé de 39 ans 5 mois 3 jours, après avoir regné 18 ans, et avoir été en prison 5 mois et 8 jours.

Telle fut la vie du Roi mon père; pendant une rigoureuse prison, on n'y vit que piété, grandeur d'ame, fermeté, douceur, courage, bonté, patience a supporter les plus horribles calomnies, a pardonner de tout son cœur a ses assassins, grand amour de Dieu, de sa famille et de son peuple, dont il donna des marques jusques à son derniers soupir, et dont il a été recevoir la recompense dans le sein d'un Dieu tout puissant et tout misericordieux.

l'abbé Edgewort, du reste, ne répète ni l'un ni l'autre.

Le matin de cet horrible jour, après avoir été assoupies pendant la nuit d'un sommeil de douleur, nous nous levames à six heurs (1). On ouvrit notre porte, et on vint chercher le livre de prieres de madame Tison pour la messe de mon pere; nous crumes que nous allions descendre, et nous eumes toujours cette espérance jusqu'à ce que les cris de joie d'une populace egarée vinrent nous avertir que le crime etoit consommé. L'après diné, ma mère demanda a voir Clery, qui avoit été avec mon père dans ses derniers momens, et qui l'avoit peut-être chargé de commissions pour ma mere (2), ce qui etoit vrai, car mon père

(1) Les précédentes éditions ajoutent une phrase qui n'est pas dans *Madame*.

(2) Les précédentes éditions ajoutent : « Nous « désirions cette secousse pour causer un

avoit recommandé à Clery de rendre à
ma mère son anneau de mariage, disant
qu'il ne s'en separait qu'avec la vie. Il
lui avoit aussi remis un paquet de ses
cheveux, disant qu'ils lui avoient toujours été chers. Les municipaux dirent
que Clery étoit dans un état affreux et
ne pouvoit pas venir. Ma mère chargea
de sa demande pour le conseil municipal des commissaires, ainsi que de
demander de porter le deuil.

« épanchement à son morne chagrin, qui
« la sauvait de l'étouffement où nous la
« voyions. » Pourquoi ajouter toujours, et
expliquer ce qui n'a pas besoin d'être expli-
qué ? Ces bonnes gens auraient mis en dix
vers le « qu'il mourût! » On délaye en une
page « que la lumière soit, et la lumière
fut. » La véritable douleur et la véritable
éloquence n'ont besoin que d'un mot, ou du
silence.

Clery passa encore un mois au Temple, ensuite il fut élargi ; nous eûmes un peu plus de liberté. Les gardes croyant qu'on allait nous renvoyer, nous pumes voir les personnes qui nous apportoient des habits de deuil, mais en présence des municipaux (1).

Le chagrin que j'eus augmenta mon mal de pied ; on fit venir mon médecin Brunier, et le chirugiens Lacaze: ils me guerirent en un mois. Ma mère ne voulut pas descendre dans le jardin pour prendre l'air, parcequ'il falloit passer devant la porte de mon père, et que cela lui faisoit trop de peine ; mais craignant que le manque d'air ne fit du mal a mon frère, elle

(1) Les arrangeurs ont encore ajouté une longue phrase de mise en scène et de détail inutile.

demanda de monter sur la Tour, à la
fin de fevrier, ce qui lui fut accordé.

On s'apperçut dans la chambre des
municipaux que les paquets scellés ou
étoit le cachet de mon pere, son anneau et plusieurs autres choses,
avoient été ouverts : le scellé étoit
cassé et le cachet emporté ; les municipaux s'en inquieterent ; mais ils crurent à la fin que c'étoit un voleur qui
avoit pris le cachet, où il y avoit de
l'or ; la personne qui l'avoit pris étoit
bien intentionnée : ce n'est point un
voleur ; l'homme qui la fait la fait
pour le bien, mais il est mort (1).

Dumourier étant passé hors de

(1) Cet homme était Toulan, qui périt en
effet victime de son dévouement. L'anneau et
le cachet furent remis à Monsieur, depuis
Louis XVIII, par M. de Jarzaye, autre servi-
teur fidèle.

France, on nous resserra plus etroiment; on construisit ce mur qui separe le jardin, des jalousies en haut de la Tour, et on boucha tous les trous avec soin, mais il n'y eut rien de nouveau.

Le 25 mars, le feu prit à la cheminée le soir ; Chaumet, procureur de la Commune, vint pour la premiere fois voir ma mère : il lui demanda si elle ne désireroit rien ; ma mère demanda seulement une porte de communication avec ma tante ; les municipaux s'y opposerent ; Chaumet dit que c'étoit necessaire à la santé et qu'il en parleroit au conseil général. Le lendemain, il revint à 10 heures du matin avec Pache, le maire et Santerre (1), commandant général de la garde nationale ; Chaumet dit a ma

(1) Les éditions précédentes font dire à Madame « cet affreux Santerre. » Cette

mère qu'il avoit parlé de sa demande
au conseil général, qu'elle avoit été
réfusée. Pache demanda aussi à ma
mère si elle n'avoit point de plaintes
a porter et si elle ne desiroit rien ;
ma mère dit que non (1).

qualification est doublement regrettable,
puisque Madame ne l'a point écrite, et qu'on
lui prête en la supposant des sentiments in-
dignes d'une princesse dont la juste indignation avait le mépris pour ressource, et qui ne
se vengea d'ailleurs jamais que par le pardon.
Nous n'en finirions pas, du reste, si nous
voulions relever toutes les altérations inno-
centes, tous les arrangements inutiles, et
même tous les changements maladroits que
certains éditeurs, par trop préoccupés de l'effet littéraire, ont fait subir au texte, non sans
étouffer parfois dans les périphrases la mâle
énergie du mot et l'intention profonde du sens.
On ne doit pas *restaurer* les tableaux sacrés.

(1) Pourquoi ajouter : « et ne fit plus attention à ce qu'il disait ? » (Précéd. éditions.)

Il y eut encore quelques municipaux qui adoucirent les chagrins de
ma mère par leur sensibilité (1) ; il y eut
un autre homme qui nous servoit, qui
rendit des services a mes parens, et
qui doit être nommé et estimé de toutes les personnes vertueuses ; je ne le
nomme point, de peur de le compromettre, dans l'état ou sont encore les
choses ; mais ils sont gravés dans mon
cœur (2).

(1) C'étaient Toulan, Lepitre, Beugneau,
Vincent, Bruno, Michonis, Merle.

Les éditions précédentes ajoutent *sans
droit :* « Nous connaissions de suite à qui
« nous avions affaire ; ma mère surtout, qui
« nous a préservés plusieurs fois de nous li-
« vrer à de faux témoignages d'intérêts. »

(2) Toute cette phrase, qui ne s'adresse
qu'à Toulan, est remaniée dans les éditions
précédentes, de façon à promettre à *tout le*

Les persécutions redoublerent (1).
On empêcha Tison de voir sa fille; il en
prit de l'humeur avec raison. Un jour,
voyant entrer un étranger qui portoit
des affaires à ma tante, sa colère l'em-
porta de voir que cet homme entroit
plutot que sa fille ; il dit tout ce que
lon voulut. Pache etant en bas, on fit
descendre Tison ; il dit qu'il étoit très
mecontent; on lui demanda pourquoi :
de ne pas voir sa fille, répondit-il, et
de voir certains municipaux qui ne se
conduisaient pas bien, parlant très
bas à ma mère et à ma tante ; on lui
demanda leurs noms : il les dit, et assura être certain que nous avions des

monde (la Restauration avait multiplié con-
sidérablement les *amis du Temple*) recon-
naissance et récompense.

(1) Et non « précautions. »

correspondances en dehors (1); on lui demanda les preuves : il dit qu'un jour a souper, ma mère, tirant son mouchoir, laissa tomber un crayon ; qu'un jour chez ma tante ils avoient trouvé des pains à chanter et de la cire a cacheter dans une bobèche (2). Après cette dénonciation, qu'il signa, on fit venir sa femme, qui dit la même chose, accusa les mêmes municipaux, assura que nous avions eu une correspondance avec mon père pendant son

(1) Les *Mémoires* de Hue donnent des détails curieux et intéressants sur les relations que, par l'intermédiaire de Turgy et de Hue, la famille royale avait pu conserver au dehors et sur les moyens qu'ils employaient pour lui faire parvenir des nouvelles et la renseigner sur l'état de Paris.

(2) Les éditions précédentes disent : « et « une plume dans une boîte. »

procès, et denonça le medecin Brunier, qui me traitoit pour mon pied,
comme nous ayant appris des nouvelles; elle signa, entrainée par son mari,
ce qui lui causa bien des remords dans
la suite; elle vit sa fille le lendemain.
La denonciation fut faite le 19 avril :
le 20, à dix heures et demi du soir,
comme ma mère et moi venions de
nous coucher, arriva Hébert avec plusieurs autres municipaux qui nous lu-
rent un arrêté de la Commune qui
ordonnoit de nous fouiller a discretion,
ce qu'ils firent exactement jusques
sous les matelats; mon frère dormait :
ils l'arracherent de son lit avec dureté
pour fouiller dedans ; ma mère le prit
dans ses bras tout transi de froid; ils
fouillerent ensuite nos poches, ils
ôterent a ma mère un adresse de marchand qu'elle conservait, un baton de

cire a cacheter qu'ils trouverent chez
ma tante, et a moi, ils me prirent un
sacré cœur de Jesus, et une prière
pour la France; leur visite ne finit
qu'a quatre heures du matin. Ils firent
un procès verbal de ce qu'ils avoient
trouvé, et forcerent ma mère et ma
tante de le signer; ils étoient furieux
de n'avoir trouvé que des betises. Ils
ôterent le lendemain les scellés qui
étoient dans l'appartement de mon
père. Trois jours après, ils revinrent
et demanderont ma tante en particu-
lier; ils l'interrogerent sur un chapeau
qu'ils avoient trouvé chez elle : ils lui
demandèrent d'ou elle l'avoit, depuis
quand et pourquoi elle l'avoit gardé :
elle dit qu'il avoit appartenue à mon
père, qui le lui avoit donné dans le
commencements que nous étions au
Temple, et qu'elle l'avoit conservé

pour l'amour de son frere; ils dirent
qu'ils allaient le lui ôter comme chose
suspecte; ma tante insista pour le
garder, mais il n'y eut pas moyen; ils
la forcèrent de signer ce qu'elle venoit
de dire, et jamais elle n'a pu revoir ce
chapeau.

Ma mère montoit tous les jours sur
la Tour prendre l'air. Depuis quelques jours mon frere se plaignait d'un
point de côté qui l'empechoit de rire;
le 9 mai, la fievre le prit a sept heures assès forte, avec mal à la tête, et
toujours le point de côté; dans les premiers instants il ne put pas rester couché, parce qu'il étouffait; ma mère
s'inquieta, demanda un medecin aux
municipaux : ils assurerent ma mère
que ce n'étoit rien, et que sa tendresse
maternelle s'inquietoit mal à propos.
Ils en parlerent au Conseil Général et

demanderent, de la part de ma mere, le medecin Brunier : le Conseil se moqua de la maladie de mon frere, parce qu'Hebert l'avoit vu à cinq heures en bonne santé, la fievre ne l'ayant pris que deux après, et on refusa absolument Brunier, qui avoit été dénoncé par Tison anciennement. Cependant mon frere avoit la fievre bien fort. Ma tante eut la bonté de venir prendre ma place dans la chambre de mon frère, pour que je ne couchasse pas dans l'air de la fievre; elle prit mon lit, et moi j'allais coucher dans sa chambre. La fievre continua la nuit ainsi que le lendemain et le surlendemain; les accés devenoient plus fort le soir. Mon frère prenait cependant l'air tous les jours; ma mère avoit beau demander un medecin, on ne l'accordoit pas; enfin, le dimanche, trois jours après que mon

frère eut la fievre (étant tombé malade le jeudi), arriva Thierry, medecin
des prisons, nommé par la Commune
medecin de mon frère (1); comme il vint
le soir, il lui trouvoit peu de fievre ;
mais ma mère lui ayant dit de revenir
l'après diner, il la trouva très forte
et desabusa les municipaux de l'idée
qu'ils avoient que ma mère s'inquietoit pour rien ; il leur dit au contraire
que c'étoit plus sérieux que ma mère
ne croyait. Thierry eut l'honnêteté
d'aller consulter Brunier, qui connoissoit le tempéramment de mon frere,
dont il avoit eu soin depuis sa naissance ; il donna quelques drogues a
mon frère qui lui firent du bien ; le
mercredi, il prit medecine, et je re-

(1) L'arrêté de la Commune motive ce
choix humiliant par un hommage à l'égalité.

vins coucher dans sa chambre; ma
mère avoit très peur de la medecine
de mon frère, parce que la derniére
fois qu'il l'avoit prise il avoit eu des
convulsions affreuses; elle craignait
qu'il n'en eut, comme elle étoit seule
et sans secours; je ne dormis pas de
la nuit, d'inquietude. Mon frère prit
bien la medecine : elle ne lui fit heureusement aucun mal; quelques jours
après, il en prit une seconde, qui lui
fit le même bien, excepté qu'il se
trouva mal, mais de chaleur.

Il n'eut plus que quelques accès de
tems en tems et souvent son point de
côté; mais sa santé commença a se
gater, et elle ne s'est jamais remise
depuis, le changement de vie lui
ayant fait beaucoup de mal.

Le 31 mai, nous entendimes battre
la générale et sonner le tocsin, sans

qu'on voulut nous dire pourquoi ; il y
avoit tant de bruit, qu'on nous dé-
fendit de monter sur la Tour prendre
l'air, défense qui avoit lieu toujours
quand Paris étoit en rumeur comme
ce jour la.

Au commencement de juin, Chaumette vint un soir à dix heures avec
Hébert : il demanda a ma mère si elle
ne désiroit rien et si elle n'avoit pas de
plaintes a porter ; ma mère se plaignit de la difficulté qu'elle avoit eut a
avoir un medecin pour mon frère (1) ;
ma tante demanda à Hebert le chapeau qu'il lui avoit emporté : il dit que
le conseil général n'avoit pas jugé a
propos de le lui rendre. Ma tante,
voyant que Chaumette ne s'en alloit

(1) Les arrangeurs mettent toujours, dans
un scrupule étroit de dignité : « Elle répon-
« dit non, et cessa de faire attention à lui. »

pas, lui demanda pourquoi il étoit venu ;
Chaumette lui dit qu'il avoit fait la
visite des prisons, et qu'il étoit venu
au Temple, toutes les prisons étant
égales. Ma tante dit que non, et qu'il
y avoit des personnes qu'on retenoit
justement et d'autres injustement :
ils s'en allerent ; ils étoient ivres tous
les deux.

Mon frère se trouva mal une nuit ;
on fit venir, dans la journée, Thierry
avec un chirurgien nommé Soupè, et un
bandagiste nommé Pipelet (1), pour lui
mettre un suspensoir pour une des-
cente qu'il avoit. Madame Tison devint folle ; elle étoit inquiete de la maladie de mon frère, qu'elle aimoit
beaucoup, et tourmentée par les remords ; depuis long-tems elle lan-

_____

(1) Et non Jupales.

guissoit. Enfin, elle ne voulut plus prendre l'air, et se mit un jour a parler toute seule (1); elle ne parloit que de ses fautes et de la ruine de sa famille, de prisons et d'échaffauds. Elle croyait que les personnes qu'elle avoit denoncèes avoient péri; tous les soirs elle attendoit les municipaux qu'elle avoit accusés, et, ne les voyant pas, elle se couchait encore plus triste, faisoit des rêves affreux qui l'agitoient; les municipaux lui permirent de voir souvent sa fille qu'elle aimait. Un jour que le portier, qui ne savoit pas cet ordre, avoit refusé sa fille, les

---

(1) Les arrangeurs ajoutent : « Hélas! cela « me fit rire. » Et ils insistent : « et ma « pauvre mère, ainsi que ma tante, me re- « gardaient avec complaisance, comme si « mon rire leur faisait du bien. » On ne sau- rait être plus odieusement maladroit.

municipaux la firent venir a dix
heures du soir. Cette heure effraya
encore plus madame Tison : elle ne
pouvoit pas croire que c'étoit sa fille
et croyait qu'on venait l'arrêter; elle
eut beaucoup de peine a se résoudre
a descendre, et dans l'escalier elle
disoit toujour a son mari : « On va
nous conduire en prison. » Elle vit
sa fille, et remonta avec un municipal; au milieu de l'escalier, elle ne
voulut ni monter ni descendre : le mu-
nipal, éffrayé, fit tout son possible
pour la faire monter; arrivés en haut,
elle ne voulut pas se coucher et ne fit
que crier, ce qui empêcha mes parens
de dormir. Le lendemain, le médecin
la vit et la trouva bien folle; elle étoit
toujours aux pieds de ma mère, lui demandant pardon de ses fautes. Il est
impossible d'être meilleurs que ne le

furent ma mère et ma tante pour cette femme, dont elles n'avoient pas lieu de se louer, et elles la soignerent et l'encouragerent tout le tems qu'elle y fut(1). Le lendemain, on l'ôta de la Tour, on la mit au château; ensuite, sa folie augmentant de plus en plus, on la transporta à l'Hôtel-Dieu, et on mit auprès d'elle une femme espionne qui l'interrogea encore sur beaucoup de choses de la part du gouvernement (2). Les municipaux nous demanderent du linge pour la femme qui en avoit eu soin pendant qu'elle étoit a la maison du Temple (3).

Le 3 juillet, on nou lut un décret

(1) La reine alla jusqu'à lui faire porter son bouillon.　　　　　(TURGY.)

(2) Voir Turgy.

(3) Voir encore Turgy sur la sollicitude que la reine témoigna pour cette indigne femme.

de la Convention, qui portoit que mon frère serait séparé de ma mère et mis dans l'appartement le plus sur de la Tour. A peine mon frère l'eut il entendu, qu'il jetta les hauts cris et se jetta dans les bras de ma mère, demandant de n'en être pas séparé. Ma mère fut saisie de son côté de ce cruel ordre, et ne voulut pas donner mon frère ; elle deffendit le lit ou il étoit contre les municipaux ; ceux-ci voulurent l'avoir, menaçoient d'employer la violence et de faire monter la garde pour l'emmener de force (1) ; une heure se passa en pour parler, en injures et en menaces (2) des municipaux, en deffense et en pleurs de nous tous. Enfin, ma

(1) Les arrangeurs ajoutent : « Ma mère « leur dit qu'ils n'avaient donc qu'à la tuer « avant de lui enlever son enfant. »

(2) Les arrangeurs ont le tort de préciser

mère consentit a rendre son fils ; nous
le livrâmes, et après qu'il fut habillé,
ma mère le remit dans les mains des
municipaux en le baignant de ses
pleurs, comme si elle eut prévu dans
l'avenir qu'elle ne le reverrait plus. Ce
pauvre petit nous embrassa tous bien
tendrement et sortit avec ces gens. Ma
mère chargea les municipaux qui s'en
alloient de demander instamment au
conseil général de voir son fils, ne
fut ce qu'aux repas; ils s'en char-
gerent. Ma mère se croyait au comble
du malheur par la séparation de son
fils; elle le croyoit cependant entre
les mains d'un homme instruit et hon-
nête; sa désolation augmenta quand
elle sut que c'étoit Simon, cordonnier,

ces menaces. L'histoire n'est pas une tra-
duction.

qu'elle avoit connu municipal, qui étoit chargé de la personne de son malheureux enfant. Ma mère redemanda plusieurs fois de le voir sans pouvoir l'obtenir; mon frère, de son côté, pleura deux jours entiers sans pouvoir se consoler, et demanda de nous voir.

Les municipaux ne resterent plus chez ma mère; nous fûmes jour et nuit enfermés sous les verroux (1). Les gardes ne venoient que trois fois par jour nous apporter les repas, et faire la visite des barres de fer des fenêtres pour voir si elles étoient en ordre.

Nous montions souvent sur la Tour; mon frère y montait de son côté tous

(1) Encore les arrangeurs, que nous ne citerons plus.

les jours, et le seul plaisir de ma mère étoit de le voir passer de loin par une petite fenêtre; elle y restoit des heures entières pour guetter l'instant de voir cet enfant si chéri. Ma mère n'en savoit des nouvelles que très peu, par les municipaux et par Tison, qui descendait les jours de blanchissage, voyoit Simon, et par là en savait des nouvelles. Tison tacha de réparer sa conduite : il se conduisit mieux, dit a ma mère quelque nouvelles, mais peu.

Simon maltraitait très fort mon frère de ce qu'il pleurait d'être séparé de nous. Cet enfant, saisi, n'osa plus verser de larmes. La Convention crut, sur un faux bruit qui courait, qu'on avoit vu mon frère sur le boulevard; la garde étoit mécontente de ne pas le voir, et disait qu'il n'était plus au Temple. La Convention le fit descen-

dre au jardin pour être vu. Mon frère
se plaignait d'être séparé de ma mère,
et demanda a voir la loi qui l'ordonnoit. Les membres étant montés chez
ma mère, elle leur porta plainte de
la cruauté qu'on avoit de lui ôter son
fils; ils répondirent que c'étoit des
mesures qu'ils avoient cru necessaire
de prendre. Henryot, nouveau général (1), vint enfin nous voir : ses manieres brusques nous étonnerent; du
moment que cet homme entrait dans la
chambre jusqu'a son départ, il ne faisoit que jurer.

Le 21 aout, a deux heures du matin, on vint nous éveiller pour lire à
ma mère le décret de la Convention
qui ordonnoit que, sur le réquisitoire

(1) Et non : « un nouveau procureur-gé-
« neral. »

du procureur général de la Commune,
ma mère seroit conduite à la Conciergerie pour qu'on lui fasse son procès;
ma mère entendit ce décret s'en s'é-
mouvoir. Ma tante et moi nous demandames tout de suite à suivre ma
mère; mais comme le décret ne le
disait pas, on nous le refusa. Ma mère
fit le paquet de ses hardes. Les muni-
paux ne la quitterent pas; elle fut
obligée de s'habiller devant eux. On
lui demanda ses poches, qu'elle donna;
ils les fouillerent, ôterent tout ce qui
étoit dedans, quoique cela ne fut point
du tout important, en firent un paquet qu'ils dirent qu'ils ouvriraient
au tribunal revolutionnaire devant ma
mere; ils ne lui laisserent qu'un mouchoir et un flacon de peur qu'elle ne
se trouva mal. Ma mère partit, après
m'avoir bien embrassée et recommandé

d'avoir courage et soin de ma santé;
je ne répondis pas à ma mere, bien
convaincu que je la voyais pour la
derniere fois. Ma mère s'arreta encore au bas de la Tour, parceque les
municipaux firent un procès-verbal
pour se décharger de sa personne.
En sortant, ma mère s'attrapa la tête
au guichet, ne le croyant pas si bas;
elle ne se fit pourtant pas beaucoup
de mal; ensuite elle monta en voiture
avec un municipal et deux gendarmes.
Arrivée à la Conciergerie, on la mit
dans la chambre la plus humide et la
plus mal saine de la prison. Elle eut
toujour un gendarme avec elle qui ne la
quitta ni jour ni nuit. Ma tante et moi,
inconsolables, nous passâmes la nuit
dans les larmes. On avoit assuré à ma
tante, quand ma mère partit, qu'il ne
lui arriveroit rien; c'étoit une grande

consolation pour moi de n'être pas
separée d'une tante que j'aimais tant;
mais, hélas! tout changea, et je l'ai
perdue.

Le lendemain du départ de ma mère,
ma tante demanda instamment en son
nom et au mien d'être réunies à ma
mère : nous ne pûmes jamais l'obtenir, non plus que de savoir de ses
nouvelles. Comme nous savions que
ma mère ne pouvait pas boire de l'eau
de rivière , parcequ'elle lui faisoit
mal, nous demandames aux municipaux de lui faire porter de l'eau de
Ville-d'Avré qui venoit tous les jours
au Temple. Ils y consentirent, en
prirent un arrêté; mais il arriva un
autre de leurs collègues qui s'y opposa. Peu de jours après, ma mère
envoya demander quelque chose qui
lui étoit utile, entre autres son tricot,

parcequ'elle faisoit une paire de bas pour mon frère ; nous le lui envoyames, mais nous sumes qu'on ne le lui avoit pas donné de peur qu'elle ne se fit mal avec les aiguielles.

Nous savion un peu de nouvelles de mon frère par les municipaux ; mais cela ne dura pas. Nous l'entendions tous les jours chanter avec Simon la Carmagnole, l'air des Marseillois, et mille autres horreurs ; Simon lui mit le bonnet rouge sur la tête et une carmagnole dessus le corps ; il le faisoit chanter aux fenêtres pour être entendu de la garde, avec des juremens affreux contre Dieu, sa famille et les aristocrates (1). Ma

(1) Ces horreurs allèrent si loin, que la Commune en rougit, sur la motion indignée de Leboeuf. (V. Reg. n° xx, suite de la page **12,798** cité par M. Barrière.)

mère, heureusement, n'entendit pas
toutes ces horreurs; elle étoit partie.
Avant son départ, on étoit venu chercher les habits de couleur de mon frère :
ma mere dit qu'elle esperoit qu'il ne
quitteroit pas le deuil; mais c'étoit la
premiere chose que Simon avoit fait
de lui ôter son habit noir.

Le changement de vie et les mauvais traitemens rendirent mon frère
malade à la fin d'aout; Simon le faisoit manger horriblement, ainsi que
boire du vin, que mon frere detestoit.
Tout cela lui donnait la fievre; il prit
une medecine qui ne lui fit pas de
bien, et sa santé se derangea ; il étoit
extremement engraissé sans prendre
de croissance : Simon, cependant, lui
faisoit faire l'exercice et prendre l'air
sur la Tour.

Je fus incommodée au commencement de septembre d'inquiettude sur ma mere : je n'entendois pas battre le tambour que ne je craignisse un nouveau 2 septembre. Nous passames ce mois assez tranquillement; nous montions sur la Tour chaque jour. Les municipaux faisoient exactement la visite 3 fois par jour, mais leur séverité n'empêcha pas que nous ne sumes des nouvelles, et particulierement de ma mère, dont nous étions inquiettes; nous apprimes qu'on l'accusait d'avoir eu des correspondances au dehors; aussitôt nous jettames nos écritoires et nos crayons, craignant qu'on ne nous fît deshabiller devant Simon (1), et que les choses que nous avions ne compromissent ma mère;

(1) Et non : « devant la femme de Simon, » comme disent les arrangeurs, par une pudeur dont les persécuteurs se souciaient peu.

nous avions toujours conservé de l'encre, des plumes et des crayons malgré les fouilles; je ne crains pas de le dire, puisque mes parens ne sont plus. Nous sumes aussi que ma mère avoit pu se sauver; que la femme du concierge étoit sensible et en avoit grand soin(1). Nous apprimes encore qu'elle avoit subi un interrogatoire secret, mais sans savoir sur quoi; les municipaux vinrent encore nous demander du linge pour ma mère, mais ne voulurent pas nous dire des nouvelles de sa santé. On nous ôta la tapisserie que nous avions, croyant que c'étoient des caracterre magiques et dangereux.

Le 21 septembre, a une heure du matin, arriva Hebert avec plusieurs

(1) La femme Richard.

municipaux pour executer un arrêté de la Commune, qui portoit que nous serions resserées, beaucoup plus res- serées ; il ordonnoit que ma tante et moi nous resterions ensembles, que Tison nous seroit ôté et mis dans une tourelle pour y rester prisonnier ; que nous serions reduites au pur neces- saire ; que nous aurions un tour a notre porte d'entrée, par lequel on fe- roit passer les alimens (1); qu'excepté Henriot, les porteurs d'eau et de bois, personne n'entreroit dans nos cham- bres. Le tour à la porte n'eut pas lieu, et les municipaux entroient 3 f is par

(1) Et quels aliments! un morceau de gros pain, soupe et morceau de bœuf, cuillère d'étain et fourchette de fer, couteau à manche de bois noir et bouteille de cabaret. Ce jour- là, les commissaires mangèrent le dîner des prisonniers. (V. Turgy.)

8

jours et faisoient la visite des barreaux de fer, des armoires et des commodes. Nous fumes obligés de faire nous-même nos lits et de balayer nos chambres, chose qui durait longtems, par le peu d'habitude que nous avions dans les commencemens.

Nous n'eumes plus personne du tout pour nous servir. Hebert dit a ma tante : Dans la république françoise, l'egalité étant la 1re des lois, et dans les prisons les detenues n'ayaut personne pour les servir, qu'il alloit nous ôter Tison. Ma tante ne dit rien. Pour nous traiter avec plus de dureté, on nous ôta toutes les commodités; nous ne pumes pas même avoir le necessaire; quand nos repas arrivoient, on fermoit brusquement la porte pour que nous ne vissions pas les gens qui les apportoient; nous ne pumes plus savoir aucunes nouvelles, excepté par les colporteurs, encore très mal; on nous deffendit de monter sur la Tour; on nous ôta nos draps de peur que nous ne descendions par la fenêtre; on nous en donna de sales et gros.

Je crois que c'est dans ce tems là qu'a commencé le procès de ma mère; j'appris depuis sa mort qu'on avoit voulu la sauver de la Conciergerie, et que par malheur ce charmant dessein n'avait pas reussi (1); on m'a assuré que les gendarmes qui la gardoient et la femme du concierge étoient gagnés, et qu'elle avoit vu plusieurs personnes dans sa prison, entre autres un prêtre qui lui a admistré les sacremens, qu'elle a reçu avec grande piété,

(1) Voir les détails que donne M. Hue sur la tentative de M. de Rougeville.

« car on dit que sa prison lui avoit
donné beaucoup de religion ; » le coup
de se sauver manqua parceque on lui
avoit recommandé de partir à la 2e
garde, qu'elle s'étoit trompée et avoit
parti à la premiere ; d'autres disent
qu'elle étoit déja sortie de sa chambre et avoit descendu l'escalier, quand
un gendarme s'opposa a son départ,
quoiqu'il fut gagné, et obligea ma
mere de remonter chez elle, ce qui
fit echouer l'entreprise. Nous ne sumes rien de tout cela dans le tems ;
nous apprimes seulement que ma
mere avoit vu un cher de saint Louis
qui lui avoit donné un œillet dans lequel étoit un billet ; mais comme nous
fumes resserrée, nous n'en pumes savoir la suite.

Tous les jours nous avions des fouilles et des visites des municipaux ; entre

autres jours, ils arriverent le 4 septembre à 4 heures, pour faire une visite complette et ôter l'argenterie et la porcelaine. Ils emporterent le peu qu'ils trouverent chez nous; n'ayant pas trouvé le compte, ils nous accuserent d'en avoir volé; quelle indignité! tandis que c'étoient leurs collegues qui l'avoient pris dans la comode de ma tante! Ils trouverent un rouleau d'or: ils s'en emparerent sur le champ, et ensuite ils interrogerent soigneusement ma tante, sur la personne qui lui avoit donné cet or, depuis quand elle l'avoit conservé: ma tante dit que c'étoit madame de Lamballe qui le lui avoit donné après le 10 aout, et que malgré les fouilles elle l'avoit conservé; ils demanderent qui l'avoit donné à madame de Lamballe; ma tante ne voulut pas le dire; ils m'interrogerent

8*

aussi, me demanderent mon nom, et nous firent signer leur procès verbal.

Le 8 octobre à midi, comme nous venions de finir nos chambres, et que nous nous habillions, arriverent Pache, Chaumette et David, membres de la Convention, avec plusieurs municipaux; ma tante ouvrit quand elle fut habillée, et Pache, se retournant vers moi, me pria de descendre; ma tante demanda de me suivre : on le lui refusa; elle demanda si je remonterois : on l'en assura, et Chaumette lui dit : « Vous pouvez compter sur la parole d'un bon republicain ». Elle remonta, j'embrassai ma tante et je descendis; j'étoit très embarrassée : c'étoit la premiere fois que je me trouvai seule avec une douzaine d'hommes; je ne savois ce qu'ils me vouloient; enfin, je me recommandai à Dieu, et je descendis. Chaumette, dans l'escalier, voulut me faire des politessée; je n'y répondis pas. Arrivée chez mon frère, je l'embrasse tendrement. Simon me l'arracha et me dit de passer dans l'autre chambre, et Chaumette me dit de m'asseoir, ce que je fis; il se mit en face de moi : un municipal prend la plume; Chaumette me dit : « Thérese, dites vérité. — Oui, monsieur. Cela ne regarde point ma mere? — Non, mais des personnes qui n'ont pas fait leur devoir. Counaissez-vous les citoyens Toulan, Lepitre, Breno, Brugnot, Merle, Michonis?—Non.—Comment! vous ne les connoissez pas? On les accuse pourtant d'avoir parlé a vos parens, et de leur avoir appris des nouvelles du dehors. — Non, monsieur. Cela est faux. — Surtout Toulan, un petit jeune homme qui venoit

souvent. — Je ne le connois pas plus
que les autres. — Vous souvenez-vous
d'un jour ou vous êtes restée seule
dans une tourelle avec votre frère?
—Oui.—Vos parens vous y avoient mis
pour parler plus a leur aise avec ces
gens-là. — Non, non, monsieur, mais
pour nous accoutumer au froid.—Que
fite vous dans cette tourelle? — Nous
parlames. — Et en sortant, vous êtes
vous apperçue qu'ils parloient a vos
parents? — J'ai pris un livre, j'ignore
ce qui c'est passé. » Chaumette m'in-
terroga ensuite sur mille vilaine choses dont on accusoit ma mere; je répondit avec vérité que cela n'étoit pas,
mais une fausse calomnie; ils insis-
terent beaucoup, mais je me tins toujour sur la négative, qui étoit la vérité(1).

(1) Les arrangeurs chargent encore cette

Il me parla ensuite de Varenne, me fit beaucoup de questions auxquelles je repondis le mieux que je pus sans compromettre personne. Enfin, mon interrogatoire finit a 3 heures. Je demandai avec chaleur à Chaumette d'être remise a ma mère, disant avec vérité que je l'avois déja demandé avec ma tante plus de mille fois. « Je n'y peux rien. —Quoi, monsieur, vous ne pouvez l'obtenir du conseil général? — Je n'y ai aucune autorité. » Il me fit ensuite reconduire chez moi avec trois municipaux, et me recom-

scène, et font parler Madame, qui dut se taire en jeune fille qui sait toute la valeur que le silence donne au mépris; ils lui font dire encore : « Malgré mes larmes, ils insistèrent « beaucoup. Il y a des choses que je n'ai pas « comprises, mais ce que je comprenais était « si horrible, que je pleurais d'indignation. »

manda de ne rien dire a ma tante,
qu'on alloit aussi faire descendre. En
arrivant, j'embrassai ma tante ; on lui
dit de descendre. On lui dit a peu
pres les mêmes choses qu'a moi ; elle
dit qu'elle connoissoit de nom et de
visage les municipaux qui lui parloient ; elle nia toute correspondance
au dehors, ainsi que toutes les autres
choses sur lesquelles on m'avoit interrogé. Elle remonta a 7 heures ; son
interrogatoire ne dura qu'une heure,
et le mien avait duré 3 heures ; Chaumette nous avoit assuré que cela ne
régardoit ni ma mère, ni nous ; mais
nous jugeames bien qu'ils nous avoient
trompées. Hélas ! nous eumes raison,
car ils interrogerent ma mère et la
jugerent peu de temps après.

Je ne sais pas bien l'historique de
procès de ma mère ; je dirai seule-

ment ce que j'ai pu découvrir. Elle
eut deux deffenseurs, MM. Ducoudray
et Chauveau. On fit paroitre devant
elle enormement de personnes. Simon et Mathé, guichetier du Temple, y comparurent. Ma mère avoit
aussi dans son portefeuille l'adresse
de plusieurs personnes ; on les fit
venir au tribunal, entre autres Brunier, le medecin ; on lui demanda s'il
connaissait ma mère. — « Oui. — Depuis quand? — Depuis 1776(1), qu'elle
ma confié le soin de la santé de ses
enfants. — Avez-vous, quand vous
alliez au Temple, procuré aux detenus
des correspondances au dehors? —
Non. » Ma mère reprit : « Le medecin n'est jamais venu au Temple

(1) Depuis **1788**, suivant les précédentes
éditions.

qu'accompagné d'un municipal e
ne nous a approchées qu'en sa pre-
sence. » — Enfin, chose inouïe, l'interrogatoire de ma mere dura san
discontinuer 3 jours et 3 nuits; on
lui reprocha toutes les choses indi-
gnes sur quoi Chaumette nous avoi
interrogé; elle repondit a cette in-
ame accusation : « J'en appelle a
toutes les meres sensibles. » Repons
qui attendrit le peuple ; les juges eurer
peur et se dépecherent de la condamne
a mort. Ma mère, « qui avoit beaucou
de religion depuis qu'elle étoit à la
Conciergerie, » entendit sa sentence
avec calme et courage ; on lui donna
un prêtre jureur pour les derniers
momens. Quoi que lui dit cet homme, ma mère lui repondit avec douceur, mais ne voulut pas se servir de
son ministere. Elle se mit à genoux,

pria Dieu toute seule pendant long-
temps, soupa un peu (1), ensuite se
coucha et dormit quelques heures. Le
lendemain, ayant fait à Dieu le sacrifice de sa vie (2), elle alla a la mort avec
courage, au milieu des injures qu'un
malheureux peuple egaré jettoit sur
elle : son courage ne l'abandonna pas
sur la charette et sur l'échafaud. Elle
en montra autant a sa mort que pendant sa vie. Ainsi mourut, le 16 octobre 1793, Marie-Antoinette-Joseph-

(1) Et non : « Toussa un peu. » Rien ne
manque au ridicule des premières éditions.

(2) Les arrangeurs ajoutent : « Sachant que
« le curé de Sainte-Marguerite était en prison
« en face d'elle, elle s'approcha de sa fenêtre,
« regarda la sienne et se mit à genoux, on
« m'a dit qu'il lui avait donné l'absolution ou
« la bénédiction. » Le fait a été nié. (V. l'Histoire de Marie-Antoinette, par Lafont
d'Auxonne.)

9

Jeanne de Lorraine, fille des empereurs et femme du roi de France; elle étoit âgée de 37 ans 11 mois, ayant été en France 23 ans depuis qu'elle étoit mariée, et morte huit mois après le roi Louis 16 son mari.

Nous ignorames, ma tante et moi, la mort de ma mère; et quoique nous ayons entendu crier par un colporteur qu'on vouloit la juger sans desemparer, ce qui est si naturel aux malheureux nous fit croire qu'on vouloit la sauver. « Nous ne pouvions pas aussi imaginer l'indigne conduite de l'empereur, qui laissa la reine sa parente périr sur l'échafaud sans faire de demarches pour la sauver; c'est pourtant ce qui est arrivé. Nous ne pouvions pas croire à ce dernier trait d'indignité de la maison d'Autriche.

Cependant il y avoit des instants ou nous craignions beaucoup pour ma mère, voyant la rage du peuple egarè contre elle; je suis toujours restée dans ce malheureux doute pendant un an et demi, après lequel j'appris mon malheur et la mort de ma vertueuse mere. (1) »

Nous sumes par le colporteur la mort du duc d'Orléans. Ce fut la seule nouvelle qui nous parvint pendant l'hiver. — Les fouilles recommencerent; on nous traita avec beaucoup de dureté; ma tante, qui avait un cautere au bras (2), eut beaucoup de peine a obtenir de quoi le soiguer; on la fit

(1) Tout ce passage a été supprimé jusqu'ici par des motifs faciles à deviner.

(2) « Depuis la Révolution. » (Précédentes éditions.)

attendre long-temps. Enfin, un jour un municipal remontra l'innumanite d'un tel procedé et envoya chercher de l'onguent; on m'ota aussi le jus d'herbes que je prenois pour ma santé le matin; ma tante, n'ayant plus de poisson les jours maigres, demanda instamment qu'on lui donna des plats maigres, pour pouvoir remplir son devoir. On le lui refusa, disant que pour l'égalité il n'y avoit plus de difference entre les jours; qu'il n'y avoit plus de semaines mais des decades; on nous apporta un nouvel almanach, mais nous n'y regardames pas. Un autre jour, ma tante demandoit encore du maigre : on lui dit : « Mais, citoyenne, tu ne sais donc pas ce qui ce passe! on n'a pas au marché tout ce qu'on veut. » Ma tante ne fit plus aucune demande.

Nous eumes toujours des fouilles,
et particulièrement au mois d'octobre:
il fut ordonné de nous fouiller tous les
jours 3 fois, et il y eut une fouille
entre autre qui dura depuis 4 heures
jusqu'à 8 heures et demi du soir; les
quatre municipaux qui la firent étoient
absolument ivres; on ne peut pas se
faire d'idées de leurs injures, de leurs
juremens pendant ces quatres heures;
ils nous emporterent des bagatelles,
des chapeaux, des cartes avec des
rois et des livres ou il y avoit des armes; ils laisserent les livres de religion, mais après avoir proféré mille
impietés. Simon nous accusa de faire
des faux assignats et d'avoir des correspondances au dehors. Il pretendoit
que nous avions communiqué avec
mon père pendant son procès. Simon fit cette déclaration au nom de

mon frère, qu'il força de signer. Ce
bruit qu'il croyoit être de faux mo-
noyeure étoit le bruit de notre
trictrac, parce que nous y jouions le
soir.

L'hiver se passa assez tranquillement, malgré beaucoup de visites et
de fouilles. On nous donna du bois.
Le 19 de janvier, nous entendimes un
grand bruit chez mon frère, ce qui
nous fit conjecturer qu'il s'en alloit
du Temple, et nous en fumes con-
vaincus quand, regardant par un trou
de notre abat jour, nous vimes empor-
ter beaucoup de paquets; les jours
d'après nous entendimes ouvrir la
porte, et toujours persuadées qu'il
étoit parti, nous crumes qu'on avoit
mis en sa place quelque prisonnier
allemand ou étranger, et nous l'avions
déjà baptisé Melchisedech pour lui

donner un nom (1) : mais j'ai su depuis
que c'étoit Simon qui étoit parti, forcé
d'obter entre la place de municipal et
celle de gardien de mon frere ; qu'il
avait preferé la 1ʳᵉ charge , et qu'on
avoit eu la cruauté de laisser mon malheureux petit frère tout seul ; barba-
rie inouïe, d'abandonner ainsi un malheureux enfant de 8 ans , et de le
tenir enfermé dans sa chambre sous
clef et verrouil, sans autre secours
qu'une malheureuse sonnette qu'il ne
tiroit jamais , aimant mieux manquer
de tout que de demander la moindre
choses a ses persecuteurs : il étoit
dans un lit qu'on n'a pas remué pendant plus de six mois , et comme il
n'avoit pas la force de le faire, les pu-

(1) Les précédentes éditions ont supprimé
cette phrase, qu'elles ont trouvée trop naïve,

naises et les puces le couvroient. Son
linge et sa personne en étoient pleins;
ses ordures resterent aussi dans sa
chambre; jamais il ne les jettoit, ni
personne non plus; la fenêtre n'étoit
jamais ouverte; on ne pouvoit pas tenir dans sa chambre, a cause de l'o-
deur infecte, de son naturel mon
frere étant sale et paresseux; il auroit
pu avoir plus de soin de sa personne;
souvent on ne lui donnoit pas de lumière; ce malheureux enfant mouroit
de peur; il ne demandoit rien; il passoit les journées sans rien faire; cet
état fit beaucoup de mal a son moral
et a son phisique; il n'est pas etonnant
qu'il se soit derangé par la suite: le
temps qu'il s'est bien porté prouve sa
bonne constitution.

On nous tutoya beaucoup pendant

l'hiver (1). Ma tante fit son carême, quoique n'ayant pas de quoi vivre. Elle ne déjeunoit pas, prenoit, a diner, une bouteille de café, et a souper du pain (2). Rien au monde n'étoit plus ediffiant que sa conduite ; depuis le tems qu'on lui avoit refusé du poisson, elle n'avoit pas pour cela interrompu le maigre. Au commencement du prinptems on nous ôta la chandelle ; nous soupions a sept heures et demie du soir, et nous nous couchions de suite, parce qu'on n'y voyoit pas.

(1) Madame se borne à le remarquer, et n'ajoute pas : « Nous méprisions toutes les « vexations, mais ce dernier degré de gros- « sièreté faisait toujours rougir ma tante « et moi. »

(2) On leur refusait même du bouillon. (V. Arrêté cite par M. Barrière, édition Didot, page **164**.)

Jusqu'au 9 mai il ne se passa rien de remarquable ; ce jour la, au même moment ou on alloit nous mettre au lit, on ouvrit nos verrouile et on vint frapper a notre porte ; ma tante dit qu'elle passoit sa robe ; on dit que cela ne devoit pas être si long, et on frappa si fort qu'on pensa enfoncer la porte. Ma tante ouvrit quand elle fut habillée : on lui dit : « Citoyenne, veux tu bien descendre ? — Et ma niece ? — On s'en occupera après. » Ma tante m'embrassa et me dit qu'elle alloit remonter. « Non, citoyenne, tu ne remonteras pas. Prends ton bonnet et descends. » Ils accablerent ma tante d'injures ; elle les souffrit avec patience, prit son bonnet, m'embrassa et me dit d'avoir courage, d'esperer toujours en Dieu. Elle sorti avec ces diables ; arrivée en bas, on lui de-

manda ses poches, ou il n'y avoit rien ;
cela dura longtems, parce que les municipaux firent un procès verbal pour
se décharger de sa persoune ; enfin,
après mille injures, elle partit avec
l'huissier du tribunal, monta en fiacre,
et arriva à la Conciergerie, ou elle
passa la nuit. Le lendemain elle fut
conduite au tribunal ; on lui fit trois
questions : « Ton nom ? — Elisabeth.
— Ou étoit tu le 10 aout ? — Au chateau des Tuileries, auprès du Roi, mon
frere. — Qu'as tu fait de tes diamaus ?
— Je ne sais pas ; du reste les questions sont inutiles : vous avez résolu ma
mort, j'ai fait a Dieu le sacrifice de ma
vie et je suis prete a mourir. » On la
condamna à mort. Elle se fit conduire
dans la chambre de ceux qui devoient
périr avec elle, elle les exhorta tous a la
mort ; sur la charette, elle eut toujours

le même calme , encourageant les
femmes qui étoient avec elle ; le peuple la admirée ; on ne l'insulta pas (1).
Arrivée au pied de l'échafaud , on eut
la cruauté de la faire périr la dernière.
Toutes les femmes, en sortant de la
charette, lui demanderent la permission de l'embrasser , ce qu'elle fit avec
sa douceur ordinaire ; elle les encou-
ragea ; les couleurs ne l'abandonne-
rent pas jusqu'au dernier moment,
qu'elle souffrit avec force et religion,
ou son ame fut separée de son corps
pour aller jouir du bonheur dans le
sein d'un Dieu qu'elle avoit toujour
beaucoup aimé. — Marie Philippine
Elisabeth Helene, sœur du roi Louis 16,
mourrut le 10 mai 1794, agée de

(1) « On ne l'insulta pas ! » Voilà encore,
selon nous, une remarque sublime à force de
simplicité.

30 ans, ayant toujour été un modele de vertu, n'ayant jamais eu un ecart de jeunesse. — Depuis l'âge de 18 ans elle s'étoit donnée à Dieu et ne songea plus qu'a son salut. Depuis 1789 (1), que je l'ai mieux appreciée, je n'ai jamais trouvé en elle que religion, grand amour de Dieu, horreur du péché, douceur, modestie, courage et grand attachement à sa famille, pour qui elle a sacrifié sa vie, n'ayant jamais voulu quitter le Roi mon père; enfin, ce fut une princesse digne du sang dont elle sortait. Je ne puis en dire assez de bien pour les bontés qu'elle a eues pour moi, qui n'ont fini qu'avec sa vie; elle me regarda toujours comme sa fille, et moi comme une seconde

(1) Les précédentes éditions disent depuis 1790.

10

mère, et lui en ai donné tous les sen-
timens; nous avions absolument le
même caractere ; nous nous ressem-
blions beaucoup (1). Puisse je avoir ses
vertus, et l'aller retrouver un jour
dans le sein de Dieu, ou je ne doute
point qu'elle jouisse du prix de sa
vie et de sa mort, qui ont été si méri-
toires.

Je restai dans une grande désolation quand je me vis separée de ma
tante ; je ne savois ce qu'elle étoit devenue : on ne voulut pas me le dire ;
je passai une bien triste nuit, et quoique je fusse bien inquiette d'elle,
j'étois bien loin de croire que j'allois
la perdre dans quelques heures; je
croyois fermement qu'elle alloit hors

(1) Madame affirme ce que les précédentes
éditions ont cru devoir mettre sous forme
dubitative.

de France ; cependant, la maniere dont on l'avoit enmenée me faisoit craindre pour elle ; je passai la nuit dans ces incertitudes. Le lendemain matin je demandai aux municipaux ce qu'elle étoit devenue ; ils me dirent qu'elle étoit allée prendre l'air. Je leur demandai d'être réünie à ma mère, puisque j'étois separée de ma tante ; ils me dirent qu'ils en parleroient. On vint ensuite m'apporter la clef de l'armoire ou étoit le linge de ma tante ; je leur demandai de le lui faire passer, parce qu'elle n'en avoit point ; il me dirent qu'ils ne le pouvoient pas. Je demandai souvent aux municipaux d'être remise a ma mère, et de savoir des nouvelles de ma tante ; ils me dirent toujours qu'ils en parleroient. Enfin, voyant que mes démarches étoient inutiles, et me souve-

nant que ma tante m'avoit dit que si
jamais j'étois seule, mon devoir étoit
de demander une femme, je le fis avec
repugnance, bien sure d'être refusée;
en effet, quand je demandai aux municipaux une femme, ils me dirent :
« Citoyenne, nous verrons cela au
conseil général. « Ils redoublerent de
severité pour moi, m'ôterent les couteaux qu'ils m'avoient rendus; il me
dirent : « Citoyenne, dis-nous donc,
est que tu as beaucoup de couteaux?
— Non, monsieur, deux. — Et dans
la toilette, tu n'en as pas, ni de ciseaux? — Non, monsieur, non. »
Une autre fois ils m'ôterent le briquet,
m'interrogerent et me dirent, ayant
trouvé le poële chaud : « Peut-on savoir pourquoi tu as fait du feu? —
Pour mettre mes pieds dans l'eau. —
Avec quoi as tu allumé du feu?—Avec

le briquet. — Qui te l'a donné? — Il est resté de Tison. — Ne-t-a-t-on rien donné depuis? — Des chandelles et de l'amadou. — Quand? — Il y a 8 mois. — Qui te l'a donné? — Je ne sais pas. — Provisoirement, nous allons ôter le briquet. — Comme il vous plaira. — C'est pour ta sureté, de peur qu tu ne t'endormes et ne brule auprès du feu. — Je vous remercie. — Tu n'as pas autre chose? — Non, monsieur. — En honneur et en conscience, tu nous assure que tu n'as pas autre chose? — Pour cela, non, monsieur. »

Les visites et pareilles scenes se repetoient souvent. Il vint un jour un homme, je crois que c'étoit *Robespierre*; les municipaux avoit beaucoup de respect pour lui. Sa visite fut un secret pour les gens de la Tour, qui ne surent pas qui il étoit; il vint chez

10*

moi, me regarda insolemment, jeta les
yeux sur les livres, et après avoir chu-
choté avec les municipaux, il s'en
alla.

Les gardes étoient souvent ivres :
cependant ils nous laisserent tranquilles, mon frère et moi, chacun dans
notre appartement, jusqu'au 9 thermidor. Mon frère croupissoit dans son
ordure ; on n'entroit qu'aux repas ; on
n'avoit aucune pitié de ce malheureux
enfant ; il n'y en eut qu'un seul qui
parla de la dureté qu'on avoit envers
lui. Il fut chassé le lendemain (1). Pour
moi, je ne demandai à ces gens que
l'absolu necessaire ; souvent ils le re-
fuserent avec dureté. Je balayois ma
chambre tous les jours ; elle étoit

(1) Le citoyen Cressent. (V. l'*Arrêté* cité
par M. Barrière, page **167** de son édition.

finie à 9 heures pour le déjeuner, que les gardes entroient. Ils ne voulurent plus me donner de livres ; je n'avoit que des livres de piété et de voyage que j'avois lus mille fois, et un tricot qui m'ennuyoit beaucoup.

Tel étoit notre état quand le 9 thermidor arriva : nous entendimes battre la generale, sonner le tocsin ; je fus très inquiette. Les municipaux qui étoient de garde au Temple ne changerent pas ; je n'osoit leur demander ce qui se passoit. Enfin, le 10 thermidor à 6 h. du matin, j'entendis un bruit affreux au Temple ; la garde crioit armes ; le tambour rappeloit, les portes se fermoient, s'ouvroient ; tout ce tapage étoit pour les membres de la Convention nationale qui venoient voir si tout étoit tranquille. J'entendis les verrouils de l'appartement de mon

frère qu'on ouvroit. Je me jettai en bas
de mon lit, et j'ètois habillée quand les
membres de la Convention, Barras et
Delmas (1), entrerent chez moi; ils
étoient en grand costume, ce qui m'é-
tonna un peu, parce que je n'y étois pas
accoutumée. Barras me parla, m'ap-
pella par mon nom : il fut étonné de
me trouver levée, il me dit encore
d'autres choses aucquelles je ne repondis pas, tant j'étoit surprise. Enfin,
voyant qu'ils restoient toujour, je leur
dis que je ne m'attendois pas à les
voir si matin; ils sortirent, et je les entendis harranguer la garde qui étoit
sous les fenêtres, d'être fidelles à la
Convention nationale; il s'éleva un
cris de : vive la République, vive la

(1) Les précédentes éditions ne citent pas
Delmas.

Convention. La garde fut doublée, les 3 municipaux qui étoient au Temple y resterent 3 jours; à la fin, n'ayant pas de chandelle, je ne dormais pas, inquiette de ce qui se passoit; on ouvrit ma porte pour me montrer Laurent, commissaire de la Convention, chargé de garder mon frere et moi; je me levai; ces messieurs firent une grande visite en montrant tout à Laurent, et après s'en allerent; le lendemain, à 10 heures, Laurent entra dans ma chambre et me demanda avec politesse si je n'avois besoin de rien; il entroit tous les jours 3 fois, toujours avec beaucoup d'honnêteté, et ne fit jamais la visite des barreaux.

La Convention revint 3 jours après; elle eut pitié de l'état de mon frère, et ordonna qu'on le traita mieux. Laurent fit descendre un lit qui étoit chez moi; le sien étoit rempli de punaises; il lui fit prendre des bains, et le lava de la vermine dont il étoit couvert. Cependant, on le laissa toujours seul dans sa chambre.

Je demandai bientot à Laurent ce qui me tenoit au cœur, c'est a dire, de savoir des nouvelles de mes parents, dont j'ignorois la mort, et surtout d'être reunie à ma mère; il me dit que cela ne le regardoit pas. Le lendemain vinrent des gens en echarpe, auxquelles je fis les mêmes questions; ils me dirent aussi que cela ne les regardoit pas et qu'ils ne savoient pas pourquoi je demandois de n'être plus ici, parcequ'il leur paroissoit que j'y étois bien.—« Oui, messieurs, on y est bien par le local, mais fort mal pour le cœur; car il est bien triste d'être séparée de sa mère depuis deux ans et

demi, sans savoir de ses nouvelles.—
Vous n'êtes pas malade? — Non,
monsieur, la plus cruelle maladie c'est
celle du cœur.—Je vous dis que nous
n'y pouvons rien; je vous conseille
de prendre votre parti et d'esperer en
la bonté et la justice des François. » Je
ne répondit rien.

Le reste de l'été se passa très tranquillement; je fus éveillée un matin
par l'explosion de Grenelle; pendant
tous ce tems la, mon frere resta toujours seul; Laurent entroit chez lui
3 fois le jour; pour moi, je n'ai eu
qu'a me louer de ses manieres.

Pendant les 3 mois qu'il a été seul,
il me demandoit souvent si je n'avois
besoin de rien, et me prioit de lui demander ce que je voudrois et de le
sonner; il me rendit le briquet et la
chandelle à la fin d'octobre. Comme

je dormois, a une heure du matin, on
ouvrit une porte : je me levai, j'ouvrit,
et je vis entrer deux hommes du comité avec Laurent ; ils me regarderent
et sortirent sans rien dire. Au commencement de novembre arriverent
des commissaires civils, c'est a dire
un homme de chaque section, qui venoit passer 24 heures au Temple
pour constater l'existence de mon
frere. Il arriva aussi, les premiers
jours de novembre, un autre commissaire de la Convention, nommé Gomin (1), pour être avec mon frère ; il
eut un soin extrême de mon frère, fut
fâché de l'état ou il le trouva ; cela lui

(1) L'édition Barrière dit *Gomier*. Le manuscrit porte *Garnier*. L'un et l'autre sont
une erreur : c'est *Gomin* qu'il faut lire.
(V. *Histoire de Louis XVII*, par de Beau-
chesne.)

fit tant de peine qu'il voulut donner sa démission ; mais, pour adoucir les tourmens de mon frère, il resolut d'y rester. On laissoit ce malheureux enfant depuis la fin du jour jusqu'au souper, à 8 heures, sans lumiere ; il mouroit de peur, n'aimoit pas l'obscurité ; Laurent ne vouloit pas monter pour lui en porter ; Gomin lui en fit avoir à la fin du jour. Il passoit même quelques heures avec lui pour l'amuser.

Gomin s'apperçut bientôt que les genouils et les poignets de mon frère étoient enflés ; il crut qu'il alloit se nouer, en parla au comite et demanda qu'il put descendre dans le jardin pour y faire de l'exercice ; il le fit donc descendre de sa chambre en bas dans le petit appartement, ce que mon frère aimoit beaucoup, parce qu'il aimoit

changer de lieu ; il reconnut bientôt
les attentions de Gomin ; il en fut
touché, ce malheureux enfant n'étant
accoutumé depuis longtemps qu'aux
mauvais traitemens.

Le 19 décembre, le Comité de sureté
general vint au Temple a cause de la
maladie de mon frère ; ses membres
vinrent aussi chez moi , mais ne me
dirent rien.

L'hiver se passa assez tranquilment;
je fus très contente de l'honnêteté de
mes gardiens ; ils voulurent faire mon
feu, ce qui me fit plaisir, me donne-
rent des livres. Laurent m'en avoit
déjà procuré ; j'eus du bois a discretion pendant l'hiver.

Mon frère eut quelques accès de
fièvre ; il étoit toujours au coin du
feu, on ne pouvoit pas l'en tirer : il
n'aimoit pas a marcher ; Laurent et

Gomin le firent monter sur la Tour pour prendre l'air; mais il y restoit a peine : on avoit beau le presser, il ne vouloit pas marcher ; sa maladie étoit déjà commencée et les genouils s'enfloient de plus en plus. Laurent, accusé de terrorisme, s'en alla. On mit a sa place un nommé Raut (1), bien bon homme, qui eut, avec Gomin, bien soin de mon frere.

Au commencement du printemps, ils m'engagerent a monter sur la Tour, ce que je fis. La maladie de mon frère empiroit de jour en jour ; ses forces diminuoient sensiblement ; son esprit se ressentoit même de la dureté qu'on avoit exercée envers lui, et tomboit

(1) Les précédentes éditions disent Loine. (Voir à ce sujet le chapitre intéressant de l'ouvrage d'Harmand de la Meuse, brochure publiée en 1820.)

sensiblement. Le Comité de sureté general envoya pour le soigner le medecin Desault; il entreprit de guerir mon frère, quoique sa maladie fut très dangereuse. Desault mourut; on lui donna pour successeur le medecin Dumangin et le chirurgien Pelletan. Ils ne conçurent aucune esperance; on donna des drogues à mon frère, qu'il avaloit avec beaucoup de peine. Sa maladie, heureusement, ne le faisoit pas beaucoup souffrir; c'étoit plutôt un abattement et un engourdissement dans toute la machine que des douleurs vives : il se consumait comme un vieillard; il eut plusieurs crises facheuses; la fièvre le prit, ses forces diminuerent toujours; il expira doucement, sans agonie, le 9 juin 1795, a trois heures après midi, après avoir eu de la fievre pendant huit jours et gardé le lit pendant deux. Les commissaires le pleurerent amerement, tant il s'étoit fait aimer par ses qualités aimables. Il avoit beaucoup d'esprit, mais sa prison lui avait fait beaucoup de tort, et même, s'il eut vécu, il y auroit eu a craindre qu'il ne devint imbecile. Il avoit toutes les bonnes qualitée de son père, avait du caractere, aimait a executer de grandes choses. Il n'est pas vrai qu'il ait été empoisonné, comme on la dit et comme on le dit encore; cela est faux, d'après le témoignage des medecins qui ont ouvert son corp et non pas trouvé le moindre vestige de poison; les drogues qu'il a pris dans sa derniere maladie ont été décomposées; on les a trouvées saines; il auroit pu être empoisonné par la Commune; cela n'est pas vrai; le seul poison qui a abregé ces jours, c'est la malpropreté ou il a vecu pendant un an, jointe a la dureté qu'on a exercé envers lui. Telle a été la vie et la fin de mes vertueux parens pendant leur séjour au Temple et dans les autres prison.

J'atteste que ce mémoire contient verité.

MARIE-THERESE-CHARLOTTE.

Fait a la Tour du Temple.

〜✤〜

Paris. — Imp. de BRY aîné, boulevart Montparnasse, 91.